AF242735

LA LIBERTÉ DE LA PRESSE

CE QU'ELLE EST

EN ALGÉRIE

LETTRE

A M. LE BARON DAVID

DÉPUTÉ AU CORPS LÉGISLATIF

PAR

A. BEHAGHEL

PARIS

E. DENTU, LIBRAIRE-ÉDITEUR

PALAIS-ROYAL, 17 ET 19, GALERIE D'ORLÉANS.

—

1863

Vérité, Déesse implacable, que tu nous causes de chagrins! Pourquoi faut-il que nous ayons choisi tes autels déserts? Dès l'aube jusqu'au soir tu nous condamnes à déplaire; notre nom est maudit par tous ceux que ta clarté réveille : ton flambeau dans nos mains est un signal d'effroi. Ah! reprends-le, cruelle, ce fatal flambeau ! ou bien fais-le servir à nous défendre ; qu'il fasse comprendre à ceux que nous affligeons, que c'est ta force qui nous entraîne, que nulle malveillance, que nulle misérable envie ne nous guide, que nous ne marchons qu'à ta voix, que toi seule es responsable de nos paroles, que tous nos arrêts viennent de toi. Nous t'implorons, ô Déesse loyale! Fais briller sur nous la lumière, et que la lumière nous justifie.

Mme ÉMILE DE GIRARDIN.

LA LIBERTÉ DE LA PRESSE

CE QU'ELLE EST EN ALGÉRIE

Monsieur le Baron,

Le premier vous avez protesté, à la tribune du Corps Législatif, contre le déplorable système du cantonnement des indigènes, en faisant observer que nous ne pouvions pas, pour civiliser l'Algérie, emprunter nos moyens d'action à la barbarie que nous cherchons à combattre. Vous avez victorieusement démontré que si nous voulions constituer la propriété individuelle, afin d'arriver à la liberté des transactions et d'amener la fusion et l'assimilation par la solidarité des intérêts, il n'était pas besoin pour cela de prélever un droit de courtage sur les terres indigènes.

Ce que vous avez fait hier pour la constitution de la propriété dans les territoires occupés par les Arabes, je viens vous demander de le faire aujourd'hui pour la Presse algérienne. Il ne s'agit plus de cantonnement territorial, mais bien de cantonnement intellectuel. On dispute à la presse, pied à pied, le terrain sur lequel peut s'exercer son activité ; et, ainsi que cela se pratique toujours, paraît-il, en matière de cantonnement, on se fonde sur ce qu'aucun titre écrit ne règle, d'une manière précise, l'exercice de la liberté du contrôle, pour resserrer davantage les limites du champ ouvert à la discussion.

La part que vous avez prise jusqu'ici à la défense des véritables intérêts de l'Algérie, m'est un sûr garant que vous ne refuserez pas à la presse algérienne votre bienveillant appui lorsque vous saurez quelle situation lui est faite.

Avant d'entrer dans les détails de cette situation, je crois devoir établir que la loyale exécution du Sénatus-Consulte et la fidèle interprétation des principes posés par l'Empereur dans sa mémorable lettre du 7 février dernier, ne sont possibles qu'à la condition de l'existence, en Algérie, d'une presse indépendante et libre.

Le Sénatus-Consulte du 13 avril, inspiré par une pensée de généreuse équité et d'impartiale justice, concilie les droits séculaires des indigènes avec les besoins légitimes des immigrants; il fixe les Arabes sur l'étendue de leurs droits, et réserve au gouvernement la faculté de rendre libres, par l'expropriation pour cause d'utilité publique, les terrains nécessaires à l'extension de la colonisation; enfin, en faisant disparaître les inconvénients et les dangers inhérents à l'instabilité de la propriété, il affermit la conquête et prépare les indigènes à subir plus fructueusement l'influence de notre civilisation.

Un acte aussi important doit évidemment être un puissant élément de progrès; mais il est certain aussi qu'on n'atteindra les grands résultats politiques, économiques et moraux auxquels il doit conduire, qu'autant que les administrateurs, chargés de l'exécution du Sénatus-Consulte, travailleront sans aucune arrière-pensée à amener le succès de l'œuvre qui leur sera confiée. Ainsi que le disait dernièrement M. Louis Jourdan, dans le *Siècle*, tout dépendra de la bonne volonté de ceux auxquels sera dévolue cette tâche. On pourrait douter peut-être qu'elle fût bien remplie par ceux qui se sont montrés, au début, les adversaires du projet de Sénatus-Consulte; mais ceci n'est pas notre affaire, c'est au gouvernement d'aviser.

Seulement, nous ne pouvons oublier que la veille de l'apparition de la lettre de l'Empereur, l'administration algérienne avait, dans un acte officiel, traité de « *déplorables* » les doctrines formulées par des brochures qui concluaient dans le sens justement du manifeste impérial; nous ne pouvons oublier que le projet de cantonnement préparé par M. le Directeur-Général des Services civils, a été défendu par ce fonctionnaire devant le Corps Législatif et le Conseil d'État, dans des termes qui lui rendent difficile une rétractation; nous ne pouvons oublier, enfin, que M. le Directeur-Général a voulu *appliquer l'ordonnance de*

1846, pour cantonner les indigènes des *Issers*, et arriver à la constitution des cinq villages projetés par lui.

C'est assez dire que si le Sénatus-Consulte du 9 mars ne change pas le gouvernement de l'Algérie quant aux formes et aux personnes, il inaugure au moins un changement complet de système, en même temps que la lettre de l'Empereur modifie, d'une façon très-accentuée, les conditions dans lesquelles doit s'exercer l'action administrative. Substituer, d'une manière absolue, la libre vente des terres au régime des concessions, supprimer les réglementations inutiles, créer une vie locale fortement organisée, ouvrir un vaste champ à l'initiative individuelle ; voilà un régime auquel, il est permis de le croire, se feront difficilement certains administrateurs.

Il faut donc, tant dans l'intérêt d'une sage exécution du Sénatus-Consulte que pour assurer la réalisation des vues libérales de l'Empereur, qu'une presse indépendante et libre veille attentivement et puisse, s'il le faut, pousser le cri d'alarme, afin de signaler au gouvernement les mesures qui lui paraîtraient contraires aux principes exposés dans la Lettre de l'Empereur ou à l'esprit du Sénatus-Consulte.

Nous demandons la liberté de discussion dans des limites où l'ordre public et le respect de la Constitution soient garantis. Nous réclamons le droit d'élucider les questions de principe, de juger les événements, d'exposer les systèmes qui nous paraissent devoir être préférés, de surveiller la marche du mécanisme administratif, et de signaler, partout où nous les rencontrons, les vices organiques qui sollicitent la main du réformateur, les abus qui exigent une répression radicale et immédiate.

Nous demandons à l'administration algérienne de nous laisser la *liberté légale* du journalisme ; nous lui demandons de nous concéder au moins une liberté analogue à celle qu'avait Damoclès de se retourner dans son lit, liberté à laquelle certains administrateurs voudraient sans cesse opposer, comme le Neptune de l'Énéide, leur terrible *quos ego.*

Ils ne comprennent pas que la liberté de discussion et surtout de contrôle, loin d'être toujours un glaive dirigé contre les gouvernants, est le plus souvent un bouclier à l'abri duquel croissent leur prestige et leur force, et qui empêche de faire remonter jusqu'à eux la responsabilité des faits qu'elle soumet à leur examen en indiquant à qui ils doivent être imputés.

Si le journaliste, se voyant comprimé dans son indépendance, craint, en discutant les actes administratifs et en révélant les abus, de compromettre les intérêts matériels de la feuille qu'il dirige, il craint encore plus de passer pour servile en les approuvant. « *L'esprit est une puissance libre et fière*, a dit M. Guizot, *et qui ne donne sincèrement sa bienveillance que quand elle se sent respectée dans sa dignité et sa liberté.* »

Ceux-là seuls cherchent à étouffer l'opinion publique qui redoutent de laisser dévoiler leur faiblesse, leur négligence coupable ou leur incapacité. Les pouvoirs intelligents, au contraire, s'appuieront toujours sur elle ; ils savent qu'on ne peut marcher sûrement qu'avec elle, tandis qu'il y a autant d'imprudence à la dédaigner que de folie à la combattre.

« Dans le siècle où nous vivons, disait l'empereur Napoléon III à l'ouverture de l'Exposition universelle, c'est toujours à l'opinion publique qu'appartient la dernière victoire. »

Les administrateurs devraient donc l'écouter quand elle s'adresse légalement à eux, et se garder de dédaigner l'expression de ses vœux ; ils devraient, au lieu d'imposer silence à la presse, lui permettre de traduire franchement les aspirations de leurs administrés. Leur intérêt y est engagé ; ils gagneraient en influence, en considération, car on ne croit volontiers à la loyauté et aux bonnes intentions que de ceux qui livrent leurs actes à la libre discussion et ne repoussent pas systématiquement toutes les améliorations proposées.

Ce droit de discussion, que la presse veut exercer, lui a d'ailleurs été reconnu dans une circulaire du Prince chargé du ministère de l'Algérie et des Colonies, de l'esprit de laquelle les administrateurs ne se pénètrent pas assez.

« En Algérie, écrivait le Prince, la presse n'a pas, à vrai dire, d'importance politique ; son rôle essentiel, sa véritable mission, consistent à étudier les besoins du pays, à les faire connaître, à provoquer toutes les mesures qui peuvent favoriser le développement de la colonisation. Dans cet ordre d'idées, le gouverne-ment qui *veut être éclairé* ne voit aucun danger et trouve, au contraire, *des avantages réels* à laisser à la presse locale *toute la liberté de discussion et d'appréciation* compatible avec le bon ordre et la sécurité publique. Ce qu'il veut empêcher, c'est l'es-prit factieux et de dénigrement, systématiquement hostile et empreint de violence ou de mauvaise foi, en laissant à *l'autorité judiciaire* le soin de réprimer les écarts. »

M. le Directeur-Général des Services civils semblait le com-prendre lorsqu'il écrivait, dans un rapport à S. Exc. le Gouver-neur-Général :

« Je sais qu'il entre dans les intentions libérales de Votre Ex-cellence de laisser à la presse politique locale toute la liberté d'allure compatible avec le bon ordre et la tranquillité publique. Elle accepte d'autant plus volontiers le contrôle d'une presse indépendante, que son administration n'a rien à redouter de ce contrôle, et qu'elle se tient pour aussi intéressée que le pays à ce que la lumière se fasse, par une discussion loyale et sérieuse, sur toutes les questions qui, de près ou de loin, intéressent le présent et l'avenir de la Colonie. »

En 1861, devant le Corps Législatif, le langage de M. Mercier-Lacombe n'avait pas été moins explicite :

« Le régime de la presse, disait-il, est extrêmement doux, et la preuve c'est que depuis six mois il n'a pas été donné un seul avertissement à un journal. »

Hélas ! il ne pourrait en dire autant aujourd'hui, et il lui serait difficile de trouver, si nous exceptons son journal officiel, le *Moniteur de l'Algérie*, une seule feuille qui n'ait pas été frappée.
Faut-il en conclure que les journaux ont mal interprété les déclarations de M. le Directeur-Général des Services civils, et que la liberté de discussion qui leur était concédée se rapportait à tout hormis aux actes de l'autorité algérienne ; ou bien la to-lérance dont ont joui quelque temps les feuilles algériennes ne

leur était-elle accordée qu'à la condition de propager les doctrines de l'administration en matière de cantonnement, de budget spécial et de parlement colonial?

Nous ne saurions le dire; mais ce qui est bien certain, c'est que nous nous serions mieux trouvés de l'application rigoureuse du décret du 17 février 1852 et des circulaires ministérielles qui régissent la presse en France, que des tendances libérales dont a fait si souvent parade l'administration algérienne, et qui se sont traduites par un déluge de procès, d'avertissements et de communiqués.

Tandis que les avertissements donnés aux journaux de France sont presque tous motivés par des articles ayant trait à la politique générale et jugés susceptibles de porter atteinte au respect dû à l'Empereur et à la Constitution, ou à la dynastie, tandis qu'il est excessivement rare, dans la Métropole, de voir un journal averti à propos d'une question d'administration ou d'intérêt local, les actes administratifs étant soumis à la libre discussion et donnant lieu seulement, en cas d'inexactitude, à des communiqués; tout, en Algérie, est matière à avertissement.

M. Mercier-Lacombe prétendait, le 22 septembre 1862, à l'ouverture du Conseil-général d'Alger, que la plus grande publicité présidait à tous les actes de l'administration. « Nous sommes, disait-il, une administration de plein jour; nous croyons à la puissance fécondante de la libre discussion; nous n'exigeons même pas qu'on soit toujours juste pour nous, *ce serait trop demander;* qu'on respecte le Souverain, les institutions que la France s'est données, et nous passons volontiers sur le reste. »

Nous ne relèverons pas ce qu'a d'injurieux pour la presse cette accusation d'injustice que formule contre elle M. le Directeur-Général des Services civils; nous pourrions répondre que, si les journaux algériens n'ont pas toujours été *justes* envers l'administration, ce n'est pas à cette administration à leur reprocher leur *indulgence.*

Si la presse eût été libre, elle eût dit que, d'après des calculs certains, on pouvait évaluer à plus de quatre siècles le temps nécessaire pour effectuer la difficile besogne du cantonnement.

Si la presse eût été libre, si l'article Ier du décret du 17 février 1852, relatif à l'autorisation préalable exigée pour la publication des journaux politiques, n'eût pas été interprété par M. Mercier-Lacombe dans un sens purement restrictif, un journal se serait créé à Alger, il y a deux mois, pour combattre les attaques dirigées contre la Lettre de l'Empereur et contre le projet de Sénatus-Consulte dont elle indiquait les bases ; ce journal eût pu dessiller les yeux des colons et leur montrer le néant des dangers imaginaires dont on les effrayait. Je ne veux pas rechercher pourquoi M. le Directeur-Général des Services civils a refusé l'autorisation qui lui était demandée ; je me borne à constater que les circonstances dans lesquelles se produisait la demande donnent au refus une étrange signification.

Ce que je veux surtout établir, c'est la contradiction qui existe entre le texte des avertissements si généreusement octroyés aux journaux algériens, et cette pompeuse déclaration d'abnégation absolue formulée par M. Mercier-Lacombe devant le Conseil-général :

« Qu'on respecte le Souverain, les institutions que la France s'est données, et nous passons volontiers sur le reste. »

Il y a longtemps qu'on l'a dit : *Promettre et tenir sont deux.* L'administration algérienne a voulu nous prouver toute la vérité de ce vieil adage.

Le 15 mars dernier, M. Mercier-Lacombe infligeait un avertissement au *Courrier de l'Algérie*, en le motivant sur ce fait : que ce journal avait *enregistré les actes d'un prétendu comité* de défense des intérêts algériens.

Or, il est bon de savoir que ledit comité s'était organisé sous la présidence de M. le Maire d'Alger, et que plusieurs actes de cette assemblée avaient été publiés sans que l'administration eût manifesté le moindre mécontentement.

Le grand tort du *Courrier* est d'avoir cru que ce qui était toléré le 13 février devait l'être encore le 15 mars.

Nous nous rappelons, en effet, avoir vu le 14 février, sur une table placée au coin de la Place du Gouvernement et à côté d'une feuille destinée à recevoir les adhésions à la pétition que l'on signait alors, une proclamation ainsi conçue :

« Le Comité de pétitionnement insiste auprès de la population civile pour l'engager à signer en masse la pétition.

« Il importe qu'une démonstration éclaire le Sénat sur les intérêts des colons, sur ceux des Arabes.

« C'est notre droit constitutionnel.

« Le péril est des plus graves.

« Nous sommes tous solidaires.

« A nous de faire valoir nos droits ! »

Les Membres du Comité.

(*Suivaient les Signatures.*)

Cette proclamation a pu rester quarante-huit heures sur cette table ; elle a pu être reproduite *in extenso* dans un journal ; mais les jours se suivent et ne se ressemblent pas, et c'est sans doute ce qui explique comment, le 15 mars, le *Courrier de l'Algérie* recevait un avertissement pour s'être permis d'annoncer que le Comité de défense des intérêts algériens avait adjoint à ses délégués M. le docteur Warnier. Il est bon de remarquer que l'avertissement est motivé par cette considération que le Comité de défense des intérêts algériens n'a aucune existence légale ; ce qui constitue, comme l'a observé M. Jules Duval dans l'*Économiste français*, une fâcheuse erreur de droit constitutionnel, car l'autorisation n'est exigée que pour les *associations*, en nombre quelconque, et pour les réunions de plus de vingt et une personnes ; or, le Comité algérien ne rentrant pas dans l'une de ces deux catégories, n'avait aucun besoin d'autorisation.

Le 16 mars, c'était le tour de l'*Écho d'Oran* ; il recevait un avertissement pour avoir inséré une lettre signée par neuf personnes de la ville, et publiée avant d'avoir été communiquée à S. E. le Gouverneur-Général. L'avertissement est motivé par ce considérant : « Que cette publication était inconvenante, alors surtout que la lettre destinée à S. Exc. ne lui avait pas encore été envoyée. »

Ce qu'il y a de plus curieux, c'est qu'il résulte d'une déclaration de M. Du Pré de Saint-Maur, déclaration insérée dans le numéro suivant de l'*Écho d'Oran* et non démentie par le journal officiel, que la lettre incriminée avait été envoyée le 3 mars par la poste au Gouverneur-Général. Or, elle n'a paru dans l'*Écho d'Oran* que le 7 mars.

Je dois encore mentionner l'avertissement donné le 11 avril au *Courrier de l'Algérie.*

Il résulte d'un des considérants, que l'avertissement est en partie motivé par ce fait : que deux articles incriminés tendent à faire supposer « que la mission de M. le sénateur Forcade de la Roquette s'étend à d'autres objets que le commerce et la navigation. » Franchement, on ne voit guère ce qu'il y a là de contraire au respect dû à l'Empereur ou à la Constitution, ou même qui puisse blesser l'administration algérienne.

Le second considérant porte sur des assertions « qui tendent à déconsidérer l'administration et ont le double caractère de la diffamation et de l'injure. »

En France, ces deux dernières qualifications sont de celles qui ne peuvent résulter que d'une appréciation par les tribunaux. En semblable matière, il est important que l'autorité administrative n'empiète pas sur les attributions du pouvoir judiciaire.

Enfin, pour en finir avec ces singuliers specimens des libertés algériennes, je citerai le dernier avertissement donné au *Courrier d'Oran*, qui, ainsi que l'a dit le *Temps*, offre ce caractère particulier de menacer en même temps ce journal de poursuites judiciaires. L'administration réserve expressément les droits de la vindicte publique et privée. « Nous comprenons, ajoute M. Nefftzer, dans la feuille parisienne que nous venons de nommer, que les intérêts privés qu'a pu blesser un journal ne se tiennent pas pour satisfaits par un avertissement qui ne les indemnise pas ; mais, pour ce qui est de la vindicte publique, il semblait admis *jusqu'à présent*, que la répression administrative avait au moins le mérite de ne pas faire double emploi avec la répression judiciaire. »

On peut d'autant mieux invoquer l'ancien axiôme, *non bis in idem*, que l'avertissement a en Algérie toutes ses conséquences rigoureuses. Ainsi, tandis que plusieurs journaux, en France, vivent parfaitement en repos après trois avertissements, le troisième avertissement donné au *Courrier de l'Algérie* s'est traduit par une suspension de deux mois.

Si l'on rapproche ces actes de cette déclaration de M. Mercier-Lacombe au Corps Législatif : « La concentration du pouvoir, résultant des décrets des 24 novembre et 10 décembre, a profité à l'administration civile... L'administration algérienne a cette tendance de faire tourner l'autorité au profit de la liberté, » on est bien en droit de s'étonner de la manière dont l'autorité civile a profité de cette concentration de pouvoir et de lui demander de s'expliquer enfin sur ce qu'elle entend par liberté de la presse.

La collection des *communiqués* adréssés aux divers journaux n'est pas moins curieuse que celle des avertissements. Nous avions toujours cru que le *communiqué* consistait dans l'exercice par l'administration du droit de réponse consacré par la loi en faveur de tous; nous pensions que ces notes officielles devaient n'avoir d'autre but que de rétablir la vérité lorsque certains faits ou actes étaient l'objet d'appréciations erronées. Ici, le *communiqué* est d'un usage tellement fréquent, qu'il est impossible de le définir. Souvent il est rédigé de telle façon, que ses termes seuls frappent le journal plus durement qu'une véritable mesure répressive.

Dans l'un, on relève des erreurs manifestes « dont la réunion dénote une *ignorance complète* des choses ou une *mauvaise foi* qui doit être signalée au public. »

Un autre parle de la « précipitation et de la légèreté qui président trop souvent à la rédaction des journaux. »

Un troisième dit que l'article du *Courrier de l'Algérie*, auquel on répond « sort des limites d'une discussion *loyale* et *sérieuse*. » « Il faut bien reconnaître, ajoute-t-on, que *le style est à la hauteur des idées* » dans cet article que l'on qualifie de « *diatribe*, » et que l'on prétend « dicté par *un esprit d'injustice et d'ingratitude*. » On s'élève contre « cette *polémique aigre et chagrine*, qui n'emprunte ses arguments qu'à la *passion*, au *préjugé*, à l'impatience, au lieu de les puiser dans un examen calme et consciencieux des faits; polémique dont les récriminations, aussi intempestives que mal fondées, *comprometttraient la cause de la colonisation algérienne*, si elle pouvait l'être. »

Il est vrai qu'à ce communiqué, formulé en des termes si sévères, pour démontrer que « l'Algérie a sur place un gouvernement investi des attributions ministérielles et qui n'est obligé d'en référer au pouvoir central métropolitain que pour ce qui est du domaine de la loi ou du décret, » on peut opposer le langage plein de courtoisie dont s'est servie l'administration pour relever, au sujet de la Lettre de l'Empereur, une appréciation du même journal « dont le fond et la forme manquaient, disait-elle, du respect et de la réserve que tout écrivain doit s'imposer à l'égard d'un acte émané du souverain. »

Tandis que dans le *communiqué* précédent, on parlait de récriminations qui *compromettraient*, si elle pouvait l'être, *la cause* de la colonisation ; dans celui-ci, on regrette « qu'une feuille *dévouée aux intérêts algériens* se soit laissée entraîner à des *exagérations* qui ne peuvent que nuire à la *cause* qu'elle *a servie avec talent.* »

Hâtons-nous de le dire, telle n'est pas, en Algérie, la forme habituelle des *communiqués*, et c'est ce qui explique pourquoi celui-ci a été unanimement remarqué et reproduit par un grand nombre de journaux de France, qui en ont souligné la dernière phrase.

Enfin, outre l'*avertissement* et le *communiqué*, l'administration algérienne a inventé un nouveau moyen d'agir sur la presse : c'est la *reproduction par ordre.*

Il y a quatre jours, le Directeur-gérant d'un journal d'Alger recevait de M. le Directeur-Général des Services civils, « *d'après les ordres* » du gouvernement général, l'invitation de reproduire un article du *Moniteur de l'Algérie.* Je dois ajouter que, dans ledit article, la rédaction du journal officiel avait le tort de vouloir démontrer que le *principe de la réglementation restrictive* est toujours le fondement de la législation en matière de pêche côtière ; tandis que dans le décret impérial du 10 mai 1862 et dans le rapport ministériel qui l'accompagne, *le principe de la liberté de la pêche* est nettement posé.

C'est là, il faut l'avouer, une singulière façon de rompre le silence auquel l'organe officiel de l'administration algérienne semblait s'être condamné depuis l'apparition de la Lettre Impériale du 7 février. Non content de s'abstenir, avec une affectation que le public a parfaitement remarquée, non-seulement de toute discussion, mais même de la reproduction des divers articles des feuilles parisiennes qui faisaient ressortir ce qu'il y avait de généreux et d'équitable dans la Lettre de l'Empereur, le *Moniteur de l'Algérie* a été si loin, dans son système de neutralité, qu'il a cru pouvoir se dispenser de publier, le jour même de son arrivée à Alger, l'*Exposé des motifs* annexé au projet de Sénatus-Consulte. Ceux qui voient dans le journal officiel l'administration supérieure elle-même prenant la parole, ont trouvé étrange que le *Moniteur de l'Algérie* n'ait pas cru devoir accorder au rapport de M. le général Allard les honneurs d'un tirage spécial en *Supplément*, tandis qu'il imprimait sous cette forme, le jour même de sa réception à Alger, et qu'il *faisait vendre* dans les rues de la ville, le rapport de M. le baron Dupin sur les pétitions algériennes.

Cependant, d'après le texte même de l'arrêté qui crée à Alger un journal officiel, dont la publication doit se faire « par les soins et sous la surveillance de M. le Directeur-Général des Services civils, il est évident que la spécialité du *Moniteur de l'Algérie* devrait être de publier, dès qu'ils paraissent, tous les *documents officiels*, et non pas de consacrer la majeure partie de ses colonnes à la reproduction des articles laudatifs, à l'adresse de l'administration algérienne, publiés par certain journal de la Métropole, dont le principal collaborateur, pour les questions algériennes, est, dit-on, un employé de la Direction générale, en mission *extraordinaire* à Paris.

Sans doute, tout cela est fort curieux ; mais nous ne nous en occupons qu'accidentellement. Que l'administration fasse de son journal ce que bon lui semble, peu nous importe. Tout ce que nous demandons, c'est qu'on n'aggrave pas la situation faite à la presse ; c'est qu'on nous dise enfin quels sont, outre l'Empereur, la Constitution et la Dynastie, les sujets interdits aux discussions et aux conjectures.

Le bruit a couru pendant plus d'un mois, et plusieurs journaux de France s'en sont fait l'écho, que M. le général comte de

Palikao devait être nommé Gouverneur-Général de l'Algérie. Beaucoup ici le désiraient et le disaient tout bas ; quelques-uns l'annonçaient tout haut ; mais pas un journal n'a osé reproduire cette nouvelle ; il est vrai que pas un non plus ne l'a démentie et n'a exprimé le désir de voir maintenir le *statu quo* : l'avertissement donné au *Courrier de l'Algérie*, à propos de la mission de M. Forcade de la Roquette, a porté ses fruits. Si l'on rapproche cette extrême réserve des feuilles algériennes, de la latitude laissée aux journaux de France de tenir leurs lecteurs au courant des bruits de changements ministériels que leur transmettent leurs correspondances, on est bien naturellement amené à reconnaître que l'administration algérienne, en étendant le domaine des avertissements, a singulièrement restreint celui de la publicité.

La question de la propriété a été résolue par le Sénatus-Consulte du 13 avril ; mais un grand nombre de réformes sont nécessaires pour que ce Sénatus-Consulte conduise aux résultats que l'on peut en attendre. Nous citerons en première ligne celles qui doivent avoir pour but : l'unité de territoire, l'unité d'administration, et la constitution, dans chaque province, d'un pouvoir unique étendant son action sur le territoire tout entier.

Or, pas un journal n'osera, dans la situation qui est faite aujourd'hui à la presse en Algérie, aborder ces graves questions.

En outre, la Lettre de l'Empereur ayant profondément modifié les questions de développement de l'Algérie française, le gouvernement ayant reconnu l'inefficacité de ce qui a été tenté jusqu'à présent pour l'organisation civile de la colonie ; il importe que la presse algérienne puisse déployer une intelligente activité dans la recherche des abus ou des machinations secrètes qui, rongeant à la racine les nouvelles institutions, rendraient stériles les généreuses intentions de l'Empereur et les sages réformes dont la Lettre Impériale du 7 février a posé les bases.

Telles sont les considérations, Monsieur le Baron, qui m'ont déterminé à appeler votre bienveillante attention sur le régime exceptionnel auquel est soumise la presse algérienne.

J'ai l'honneur d'être avec respect,

Monsieur le Baron,

Votre très-humble serviteur.

A. BEHAGHEL.

Alger, ce 8 Mai 1863.

Paris.—Imp. de L. Tinterlin, et Cᵉ, rue Neuve-des-Bons-Enfants, 3.